三年生の漢字 画数さくいん

部首(ぶしゅ)や漢字の画数(かくすう)は、部分を一画として数えます。れい「他」は5画です。

●このドリルであつかっている漢字は、ページ数をさくいんでさがせるようにしています。

JN051838

10画～18画は、2ページにあります。

2

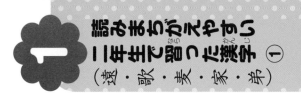

1 読みがなをなぞって、読み方をおぼえましょう。（一つ5点）

(1) 駅まで遠い。
（とお）

(2) 遠くまで行く。
（とお）

(3) 校歌を歌う。
（こうか）

(4) すきな歌手。
（かしゅ）

(5) 黄色い麦畑。
（むぎ）

(6) 麦わらぼうし。
（むぎ）

(7) 楽しい家族。
（か）

(8) 物語の作家。
（さっか）

(9) なかのよい兄弟。
（だい）

(10) 兄弟げんか。
（きょうだい）

③

（1）・（2）は、「とう」と
書かないように
気をつけよう！

正しい読み方を、〔　〕でかこみましょう。

(1) 町まで遠い。
〔とおい・とうい〕

(2) 校歌を練習する。
〔こうか・こおか〕

(3) 麦畑が広がる。
〔むぎ・とお〕

(4) 家族で出かける。
〔かぞく・かそく〕

(5) 二人兄弟。
〔きょうだい・きょおだい〕

(6) 遠くの山が見える。
〔とおく・とうく〕

(7) 歌手が歌う。
〔かしゅ・うたう〕

(8) 麦わらぼうし。
〔むぎ・むき〕

(9) 絵本の作家。
〔さっか・さくや〕

(10) 兄弟げんか。
〔きょうだい・きょおだい〕

月　日　点

1 読みがなをなぞって、読み方をおぼえましょう。（一つ5点）

(1) 広い　運動場。
（じょう）

(2) 会場を回る。
（かいじょう）

(3) 市が立つ。
（いち）

(4) 港の　魚市場。
（うおいちば）

(5) 明らかにする。
（あき）

(6) 明らかにちがう。
（あき）

(7) 晴天の日。
（せいてん）

(8) かい晴になる。
（せい）

気もちよく晴れていること。

(9) 王様の　家来。
（け）

(10) 家来が集まる。
（けらい）

5

(7)・(8)は、「せえ」と書かないように気をつけよう!

正しい読み方を、◯でかこみましょう。

(1) 運動場で遊ぶ。
{ じょう ／ ば }

(2) 市が立つ。
{ いち ／ し }

(3) 明るくなる。
{ あか ／ あき }

(4) 晴天がつづく。
{ せいてん ／ はれてん }

(5) との様のお家来。
{ けらい ／ けらに }

(6) 明日から。
{ あした ／ あきらか }

(7) 会場が広い。
{ かいじょう ／ かいば }

(8) にぎやかな魚市場。
{ いちば ／ しじょう }

(9) にわか雨が晴れになる。
{ せいに ／ はれに }

(10) おおぜいの家来。
{ けらい ／ けらに }

（1つ5点）

6

1 漢字の読みがなを書きましょう。 （一つ5点）

(1) 市 が 立つ。 （　　　）

(2) 店 まで 遠 い。 （　　　）

(3) 麦 畑 が 広がる。 （　　　）

(4) 明 らかにする。 （　　　）

(5) 明 るい 家族。 （　　　）

(6) 晴 天 がつづく。 （　　　）

(7) 校 歌 を 歌 う。 （　　　）

(8) 運 動 場 へ 行く。 （　　　）

(9) 王 様 の 家 来。 （　　　）

(10) 兄 弟 で 遊 ぶ。 （　　　）

(1)の「家」、(7)と(10)の「場」は、それぞれ読み方がちがうよ！

2　漢字の読みがなを書きましょう。

(1) 有名な作家。
（　　　　　）

(2) 明らかにちがう。
（　　　　　）

(3) 晴れの日。
（　　　　　）

(4) 歌手が歌う。
（　　　　　）

(5) 兄弟げんか。
（　　　　　）

(6) 家来が集まる。
（　　　　　）

(7) 会場を歩く。
（　　　　　）

(8) 麦わらぼうし。
（　　　　　）

(9) 遠くの国への。
（　　　　　）

(10) 港の魚市場。
（　　　　　）

(1つ5点)

1 漢字をなぞって、使い方をおぼえましょう。（全部書いて20点）

▼画数　▼部首　※ ▨ の読み方がまちがえやすい。

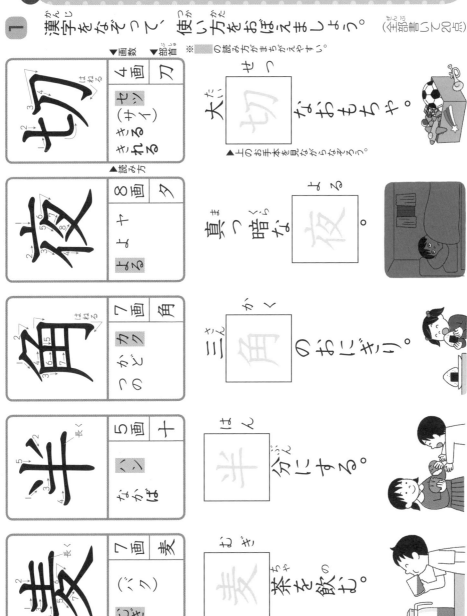

② 漢字[かんじ]を書[か]いて、使[つか]い方[かた]をおぼえましょう。

※うつすこともあるよ。

(1)
親[しん]し□（切）な友[とも]だち。

大[だい]□にあつかう。

(2)
星[ほし]がきれいな夜[よる]になる。

□よるになる。

(3)
角[かく]を何度[なんど]もはかる。

紙[かみ]を□川[かわ]へ□におる。

(4)
□はんこの後[ご]□はん。

おし□はん分[ぶん]食[た]べる。

(5)
小[こ]むぎ□むぎのしあい。

□むぎ茶[ちゃ]。

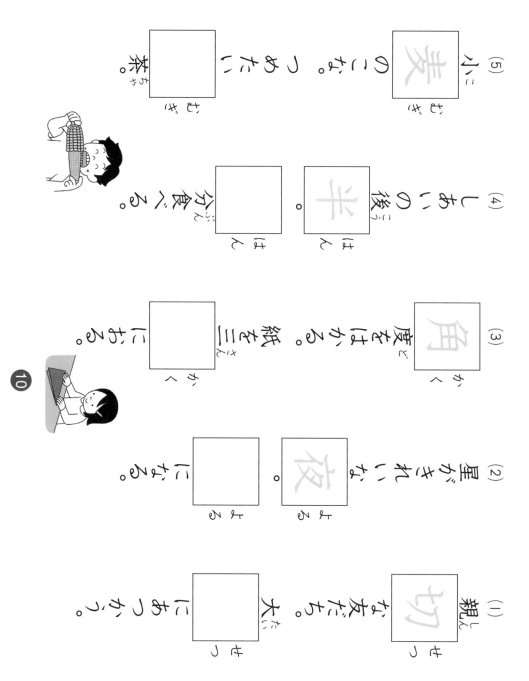

書きまちがえやすい 二年生で習った漢字 ②

（地・点・親・会・家）

月　日　点

1 漢字をなぞって、使い方をおぼえましょう。（全部書いて20点）

※□の読み方がまちがえやすい。

地	6画	土
	チ	ジ

右上へ　はねる

平らな地面。

点	9画	灬
	テン	

百点をとる。

 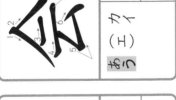

親	16画	見
	シン	おや・したしい・したしむ

はねる

親切にする。

会	6画	人
	カイ（エ）	あう

長く

友だちに会う。

家	10画	宀
	カ・ケ	いえ・や

はねる

家族で写真。

11

正しいほうを、○でかこみましょう。

(1)
じ{地/土}めんをほる。
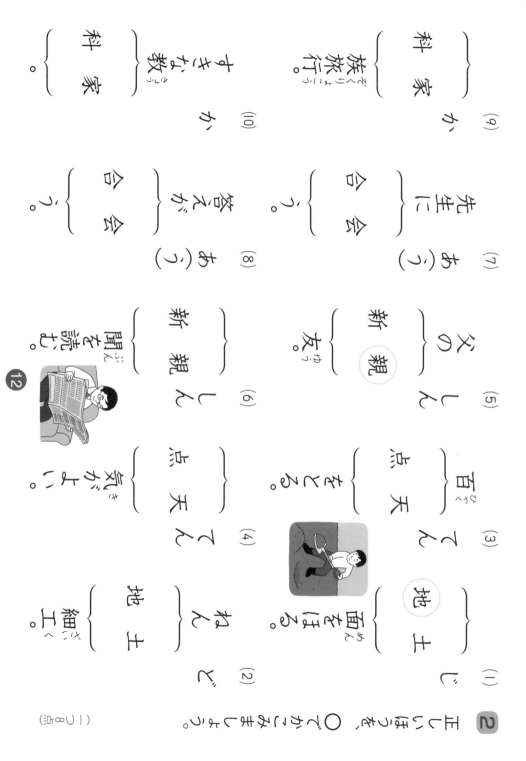

(2)
ねんど{土/地}
細工。

(3)
百てん{点/天}。
{点/天}をとる。

(4)
ねん{土/地}。
{土/地}細工。

(5)
父の{親/新}ん。
新{親/新}友。

(6)
新{親/新}しん点。
親{親/新}しん気がよい。

(7)
先生に{合/会}(う)。
{合/会}(う)。

(8)
答えが{合/会}(う)。
{合/会}(う)。

(9)
科{家/科}。
族旅行。
{旅/族}

(10)
すきな教{教/数}か、
科{家/科}。

新聞を読む。
気がよい。

1 漢字を書きましょう。 （1つ5点）

(1) 三かく□の形。

(2) 平たらな□面めん。

(3) 百ひゃく□てんをとる。

(4) □はん分ぶんのいる。

(5) 大だい□せつな本。

(6) □しん友ゆうになる。

(7) 暗くらい□。

(8) 友だちに□あう。

(9) □むぎ茶ちゃを飲のむ。

(10) □か族ぞくで旅りょ行こうする。

漢字を書きましょう。

(1)

地（じ）面（めん）をほる。

広い □と（土）地（ち）。

(2)

百（ひゃく）□てん をとる。

朝（あさ）の □てん 気（き）よほう。

(3)

□しん 切（せつ）にする。

□しん 聞（ぶん）を読（よ）む。

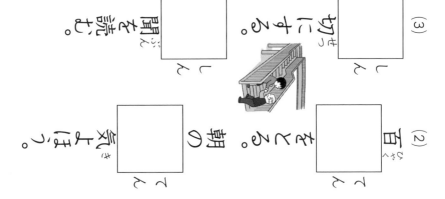

(4)

友（とも）だちに □あ う。

答（こた）えが □あ う。

(5)

家（か）族（ぞく）で □か ける。

止（と）まらずに □か ぞえなさい。

（1つ5点）

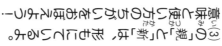
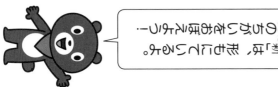

(3)の「親」と「新」が、形は似（に）ているよ。意味と使い方のちがいをおぼえよう！

1 漢字の読みがなを書きましょう。　　（1つ5点）

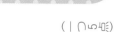

(1) （　　　　）（　　　　）
　　兄弟二人で　校歌を歌う。

(2) （　　　　）（　　　　）
　　家族づれで　会場がにぎわう。

(3) （　　　　）（　　　　）
　　晴天の日に　麦わらぼうしをかぶる。

(4) （　　　　）（　　　　）
　　遠くの魚市場に行く。

(5) （　　　　）（　　　　）
　　家来が事実を明らかにする。

2 漢字を書きましょう。

(1) □ごろ、お□を飲む。〔よる／ちゃ／の〕

(2) □ぞくを大きくする。／□せつにする。〔か／だい／たい〕

(3) 後□は□に□数をあげる。〔こう／はん／てん／すう〕

(4) 父の□じんが友□に来る。〔し／ゆう／お〕

(5) □度をはかる。〔かく〕

(6) □面をならす。〔じ〕

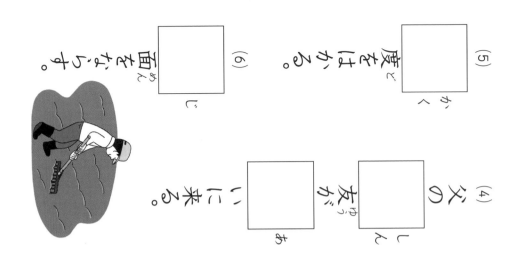
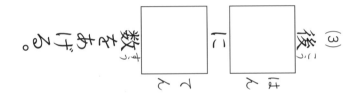

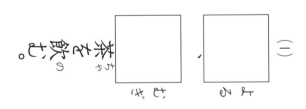

1 漢字をなぞって、使い方をおぼえましょう。（全部書いて20点）

※ □ の読み方をおぼえよう。

打	5画 て
	ダ うつ

ボールで打つ。

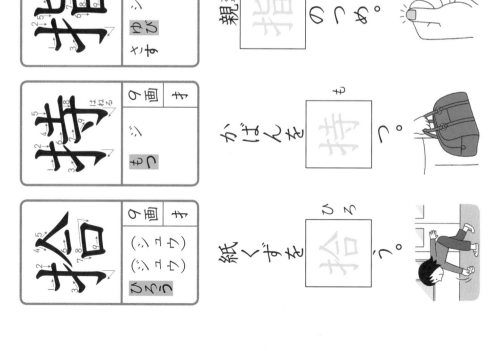

投	7画 て
	トウ なげる

球を投げる。

指	9画 て
	シ ゆび さす

親指のつめ。

持	9画 て
	ジ もつ

かばんを持つ。

拾	9画 て
	（シュウ）（ジュウ） ひろう

紙くずを拾う。

漢字を書いて、使い方をおぼえましょう。

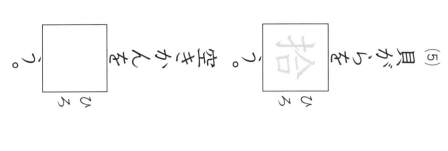

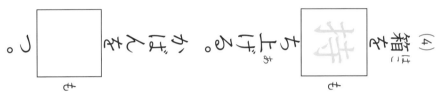

(1) 打

ギターを □（う）つ。

ボウリングで □（こ）す。

(2) 投

玉を □（な）げる。

高くボールを □（な）げる。

(3) 指

ゆびを曲げる。 □（ゆび）

□（ゆび）の先がいたくなる。

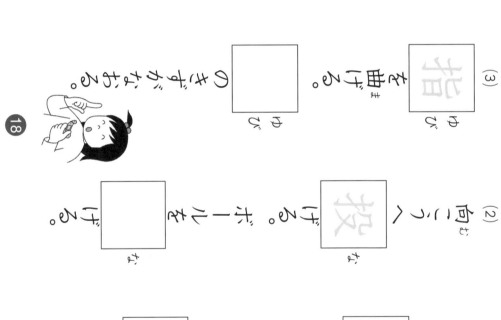

(4) 持

箱を □（も）ち上げる。

かばんを □（も）つ。

(5) 拾

空きかんを □（ひろ）う。

貝がらを □（ひろ）う。

18

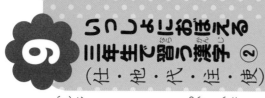

9 いっしょにおぼえる 三年生で習う漢字 ②
（仕・他・代・住・使）

1 漢字をなぞって、使い方をおぼえましょう。（全部書いて20点）

※ ▨ の読み方をおぼえよう

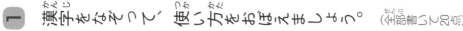

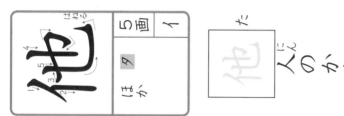

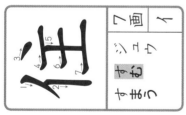

2 漢字を書いて、使い方をおぼえましょう。

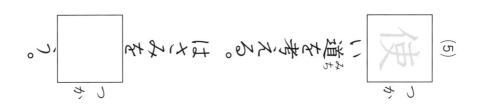

(5) 使
い道を考える。
はさみを　　つか
う。

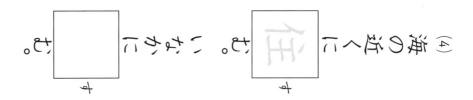

(4) 海の近くに
住む。
いなかに　　す
む。

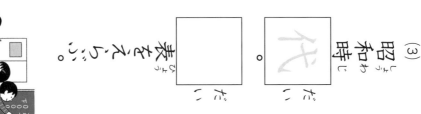

(3) 昭和時代
だい
代表を考える。

(2) 他
国と組み。　　た
人の持ち物。

(1) 時計の
組み。　　し
事をします。　　し

(1点×8)

1 漢字の読みがなを書きましょう。

(1つ5点)

(1) ボールを打つ。（　　　　）

(2) 仕組み。（　　　　）

(3) 指のつめ。（　　　　）

(4) 他国に入る。（　た　　）

(5) 駅前に住む。（　　　　）

(6) かばんを持つ。（　　　　）

(7) 昭和時代。（　　し　　）

(8) かれ葉を拾う。（　　　　）

(9) すぐ投げる。（　　　　）

(10) 絵の具を使う。（　　　　）

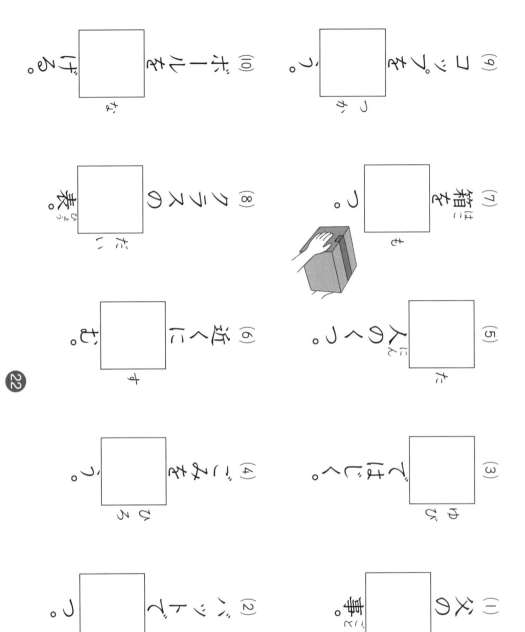

2 漢字を書きましょう。

（1）父の □ 事。

（2）ポイントで □ う。

（3）□ はじで へ。

（4）あみを □ す。

（5）人の □ へ。

（6）近く に □ む。

（7）箱を □ つ。

（8）クラスの □ 表。

（9）コップを □ し。

（10）ボールを □ げる。

22

いっしょにおぼえる
三年生で習う漢字 ③
（決・泳・注・油・洋）

1 漢字をなぞって、使い方をおぼえましょう。　（全部書いて20点）

※ ▢ の読み方をおぼえよう。

決	7画	ケツ きめる きまる

係を　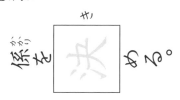　める。

泳	8画	エイ およぐ

プールで　　ぐ。

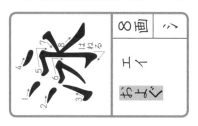

注	8画	チュウ そそぐ

お湯を　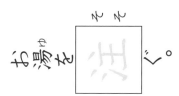　ぐ。

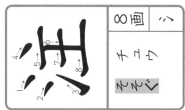

油	8画	ユ あぶら

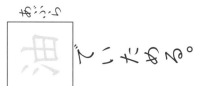　でいためる。

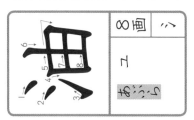

洋	9画	ヨウ

　服を着る。

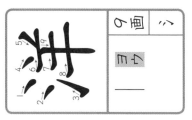

2 漢字を書いて、使い方をおぼえましょう。

(1)
日にちが
□ まる。〔き〕

問題を
□ める。〔き〕

(2)
平〔ひら〕□ ぎ〔およ〕
の練習〔れんしゅう〕。

深〔ふか〕い海で
□ ぐ。〔およ〕

(3)
□ ぐ〔そそ〕
口〔くち〕

水を
□ ぐ。〔そそ〕

(4)
美〔うつく〕しい
油〔あぶら〕絵〔え〕

□ であげる。〔あぶら〕

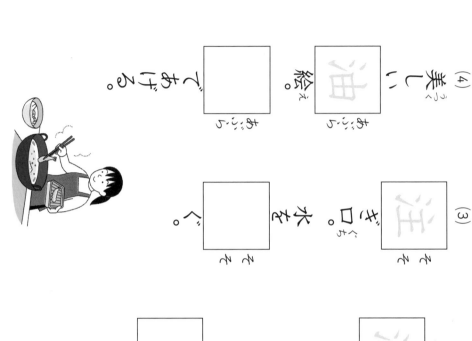

(5)
太〔たい〕平〔へい〕くん
に、かぶし島〔しま〕。

赤い
□ 服。〔よう〕

1 漢字をなぞって、使い方をおぼえましょう。（全部書いて20点）

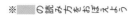
※ ▨ の読み方をおぼえよう

水を 流 す。

ふか
深 い海のそこ。

25

  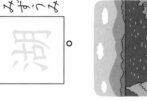

きれいな みずうみ 湖 。

みなと
港 に船がとまる。

ゆ
お 湯 をわかす。

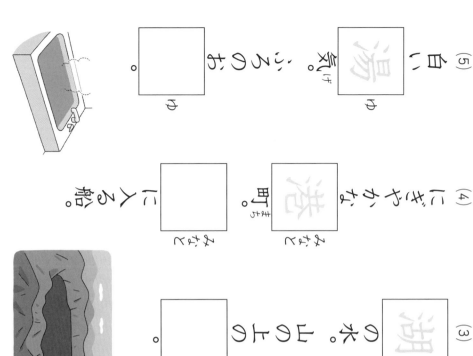

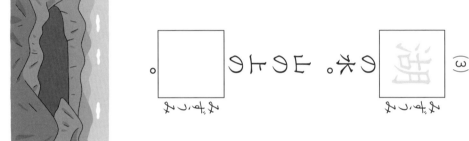

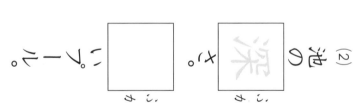

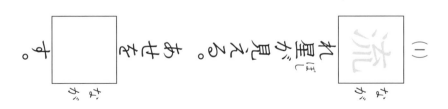

2 漢字(かんじ)を書(か)いて、使(つか)い方(かた)をおぼえましょう。

(1⊃8が)

（1）
流(なが)れ星(ほし)が見える。
□ をあわせて
なが
□ す。
なが

（2）
池の 深(ふか) さ。
□
ふか
プールに
□ る。
もぐ

（3）
湖(みずうみ) の水。
□
みなと
山の上の
□ 。
みずうみ

（4）
港(みなと) 町(まち)。
□
みなと
にぎやかな
□ に入る船。
みなと

（5）
白い 湯(ゆ) 気(げ)。
□
ゆ
□ のおふろ。
ゆ

26

1 漢字の読みがなを書きましょう。 （1つ5点）

(1) 水の 深さ。
（　　　）

(2) 港 を出る船。
（　　　）

(3) 海で 泳ぐ。
（　　　）

(4) ゆっくり 泳ぐ。
（　　　）

(5) 油であげる。
（　　　）

(6) 委員を 決める。
（　　　）

(7) きれいな 湖。
（　　　）

(8) 水が 流れる。
（　　　）

(9) 湯をわかす。
（　　　）

(10) 太平洋の島々。
（　　　）

2 漢字を書きましょう。

(9) 海の□さ。

(7) 美しい□。

(5) □服を買う。

(3) 水が□れる。

(1) 自分で□める。

(10) □に入る船。

(8) □でいためる。

(6) あつい□。

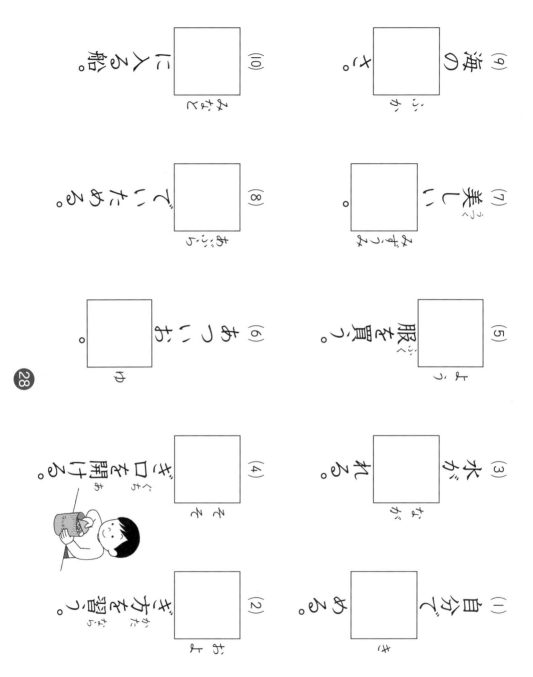

(4) □口を開ける。

(2) □き方を習う。

1 漢字の読みがなを書きましょう。 (1つ5点)

(1) 代表の選手が、ボールを打つ。
（ ）（ ）

(2) 港ではたらく人の仕事。
（ ）（ ）

(3) 指先を使って、ひもをむすぶ。
（ ）（ ）

(4) お湯をカップに注ぐ。
（ ）（ ）

(5) 油をフライパンに流し入れる。
（ ）（ ）

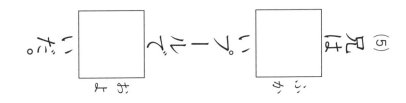

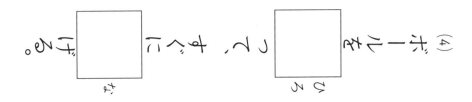

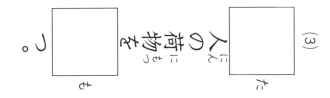

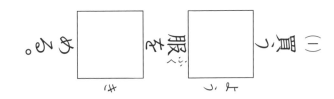

2 漢字を書きましょう。

（1）買う □（よう）服ふくを □（キ）める。

（2）きれいな □（みず）の近ちかくに □（キ）む。

（3）□（た）人にんの荷物にもつを □（も）つ。

（4）ボールを □（ひろ）って、すぐに □（なげ）る。

（5）兄は □（ふか）い プールに □（およ）いだ。

（二つ5点）

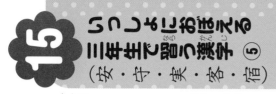

1 漢字をなぞって、使い方をおぼえましょう。（全部書いて20点）

※ の読み方をおぼえよう。

	6画	ん
	アン	
	やすい	

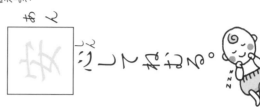

おん
安んじてねむる。

	6画	ん
	シュ ス	
	まもる （もり）	

まも
体を守る。

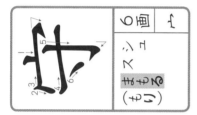

	8画	ん
	ジツ	
	みのる み	

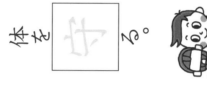

み
赤いかきの実。

	9画	ん
	キャク	
	（カク）	

きゃく
店に客が入る。

	11画	ん
	シュク	
	やど やどる やどす	

しゅく
宿題が終わる。

31

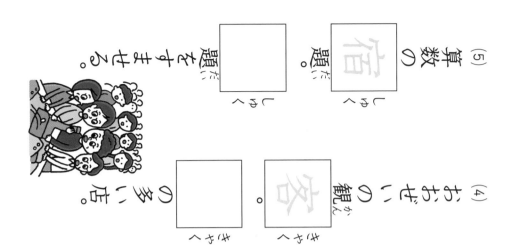

漢字を書いて、使い方をおぼえましょう。

（1）

安全をたしかめる。

［　　　］する。

（2）

ヤードをまもる。

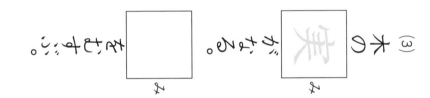

身を［　　　］る。

（3）

木の実がなる。

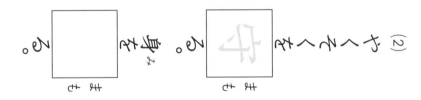

［　　　］をむすぶ。

（4）

この観きゃくが多い。

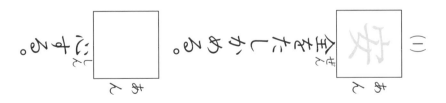

おおぜいの［　　　］の多い店。

（5）

算数の宿題だ。

［　　　］題をすませる。

32

いっしょにおぼえる
三年生で習う漢字 ⑥
(急・負・悪・悲・感)

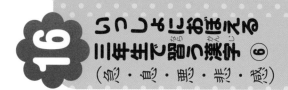

月　　日　　点

1 漢字をなぞって、使い方をおぼえましょう。 （全部書いて20点）

※ ___ の読み方をおぼえよう。

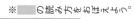

急	9画	⌒
	キュウ	
	いそ(ぐ)	

学校へ急ぐ。

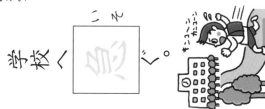

負	10画	⌒
	フ	
	ま(ける)	

負けをすう。

悪	11画	⌒
	アク(オ)	
	わる(い)	

天気が悪い。

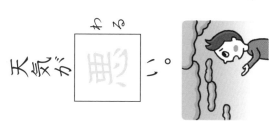

悲	12画	⌒
	ヒ	
	かな(しい)	
	かな(しむ)	

悲しい話。

感	13画	⌒
	カン	
	―	

強く感じる。

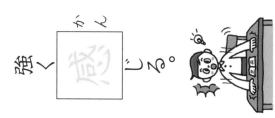

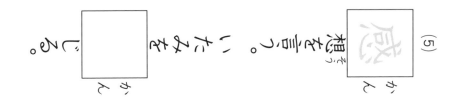

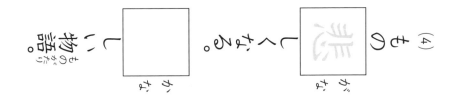

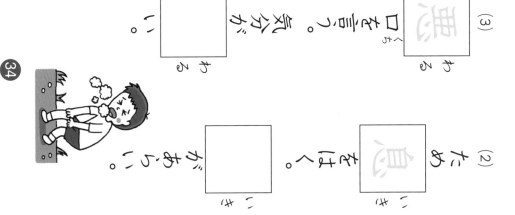

34

漢字を書いて、使い方をおぼえましょう。

（1つ8点）

(1) 感（かん）
手足（あし）に□に（き）なる。

□に（き）行って、□（き）へ。

(2) 通（つう）
ため
□（き）を□（き）はへ。

あがり□（き）から□に（き）。

(3) 悪（わる）
口（くち）を言う。気分（きぶん）がわ□（わ）る。

□（き）に。

(4) 悲（かな）
もの
□（かな）しくなる。

□（かな）しい物語（ものがたり）。

(5) 感（かん）
想（そう）を言う。
□（かん）じる。

1 漢字の読みがなを書きましょう。 (一つ5点)

(1) 急ぎ足になる。 （　　　）

(2) 赤いかきの実。 （　　　）

(3) 計算の宿題。 （　　　）

(4) ため息をはく。 （　　　）

(5) 悲しい話。 （　　　）

(6) きまりを守る。 （　　　）

(7) 安全な場所。 （　　　）

(8) 悪口を言う。 （　　　）

(9) 強く感じる。 （　　　）

(10) 試合の観客。 （　　　）

② 漢字を書きましょう。

(1) 体を□る。

(2) 駅へ□ぐ。

(3) □さをはかる。

(4) □□する。

(5) お□が多い。

(6) 天気が□い。

(7) □くなる。

(8) 木の□なる。

(9) □題が多い。

(10) 寒い□□。

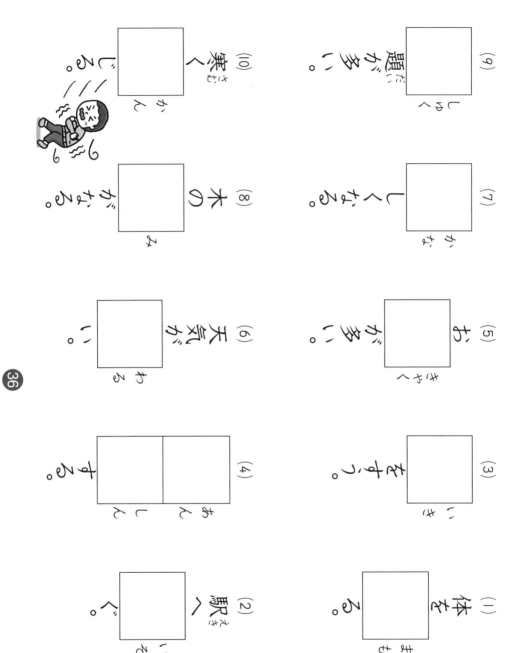

(一つ5点)

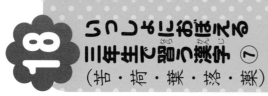

1 漢字をなぞって、使い方をおぼえましょう。（全部書いて20点）

※　の読み方をおぼえよう。

苦	8画	艹
	ク くるしい くるしむ くるしめる にがい にがる	

息が苦しくなる。

荷	10画	艹
	（カ） に	

荷物を運ぶ。

葉	12画	艹
	ヨウ は	

緑の葉がしげる。

落	12画	艹
	ラク おちる おとす	

かれ葉が落ちる。

薬	16画	艹
	ヤク くすり	

薬を飲む。

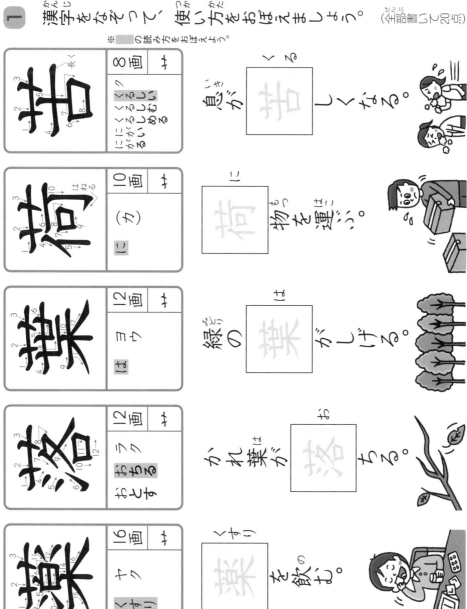

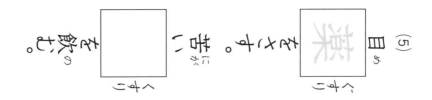
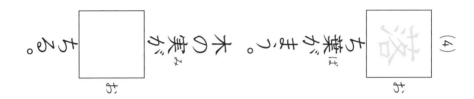
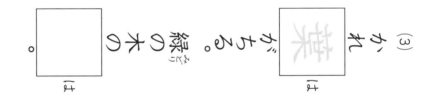
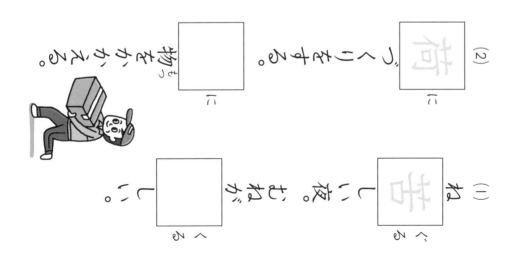

2　漢字を書いて、使い方をおぼえましょう。

（1）味
（2）荷
（3）葉
（4）落
（5）薬

38

（1〜8点）

1 漢字をなぞって、使い方をおぼえましょう。 （全部書いて20点）

※ ▓▓ の読み方をおぼえよう。

9画	ソウ
	おくる

手紙をおくる。

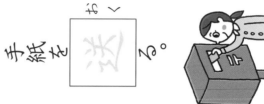

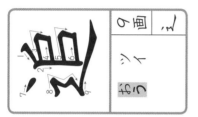

9画	ツイ
	おう

犬を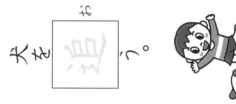おう。

10画	ソク
	はやい はやめる はやまる（すみやか）

は や く走る。

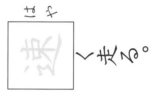

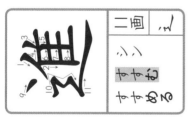

11画	シン
	すすむ すすめる

前にすすむ。

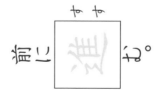

12画	ウン
	はこぶ

箱をはこぶ。

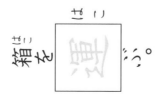

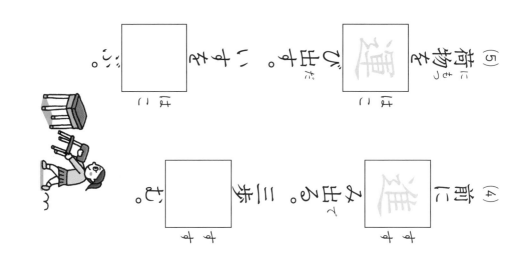
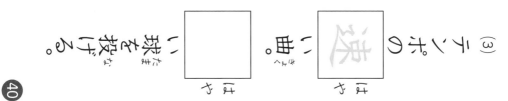
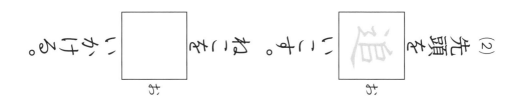
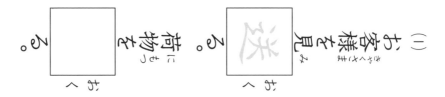

（一つ8点）

(1)
お客様を見る。
□る
荷物を□る。

(2)
先頭を□る。
□にねばる。
□にかける。

(3)
デンポの□を曲げる。
□まに球を投げる。

(4)
前に□む。
三歩□む。

(5)
荷物を□ぶ。
□に□び出す。

40

1 漢字の読みがなを書きましょう。　（1つ5点）

(1) 持ち運ぶ。　（　　　）

(2) 手紙を送る。　（　　　）

(3) 私苦しい。　（　　　）

(4) かれ葉を拾う。　（　　　）

(5) 荷づくり。　（　　　）

(6) 前方に進む。　（　　　）

(7) 追いかける。　（　　　）

(8) 目薬をさす。　（　　　）

(9) 速いボール。　（　　　）

(10) 落ち葉を集める。　（　　　）

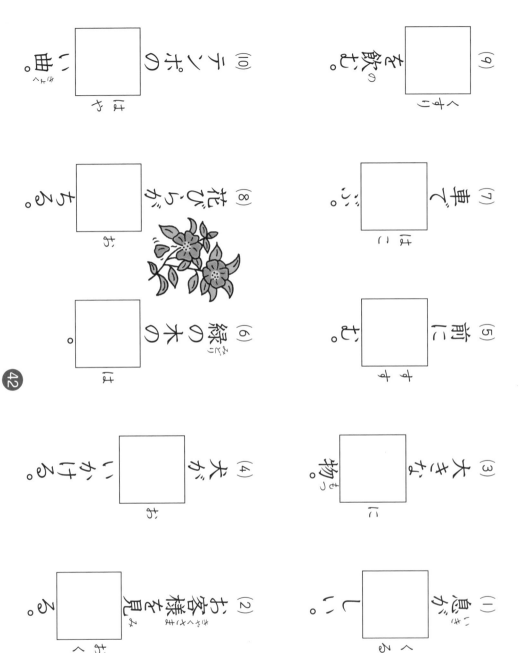

(1) 息が □く □る。

(2) お客様を見て □べる。

(3) 大きな □物に □る。

(4) 犬が □に □ける。

(5) □前に □す。

(6) 緑の木の □は。

(7) 車で □ぶ。

(8) 花びらが □ちる。

(9) □を飲む。

(10) チンボの □い □曲。

1 漢字の読みがなを書きましょう。 （1つ5点）

(　) (　)

(1) お客が、店に急いで入る。

(　) (　)

(2) 悲しくて、むねが苦しい。

(　) (　)

(3) 安心して、ほっと息をはく。

(　) (　)

(4) かきの実が、すっかり悪くなる。

(　) (　)

(5) 追いかける。 (6) 体を守る。

43

② 漢字（かんじ）を書（か）きましょう。　（一つ5点）

(1) 母（はは）の実家（じっか）に　□（に）物（もつ）を　□（おく）る。

(2) □（あ）□（こし）　のしながへこします　□（ち）る。

(3) □（しゅく）題（だい）が予定（よてい）より早（はや）く　□（すす）む。

(4) □（は）れ　□（は）を集（あつ）めてから　□（ご）み。

(5) □（は）にもよ　□（か）へ走（はし）れたと　□（ん）した。

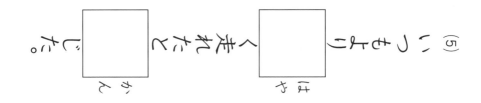

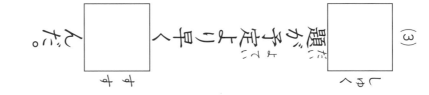
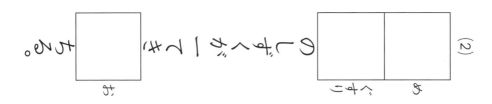
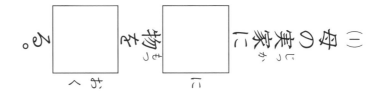

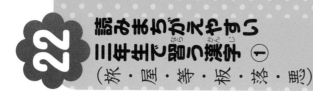

月　日　　点

1 読みがなをなぞって、読み方をおぼえましょう。（一つ5点）

(1) （りょこう）
旅行する。

(2) （おくじょう）
屋上から見る。

(3) （ひと）
等しく大きさ。

(4) （ばん）
鉄板でやく。

(5) （らく）
落書きを消す。

(6) （あくにん）
悪人の役。

(7) （りょ）
旅館にとまる。

(8) （おくない）
屋内のコート。

(9) （ひと）
等しく分ける。

(10) （らく）
山おくの集落。

家があつまっているところ。

45

(4)の「板」は、「べん」や「ぱん」ではないよ。

② 正しい読み方を、○でかこみましょう。

(1) 海外旅行。
｛ たび／ひたび ｝

(2) 学校の屋上。
｛ おく／おや ｝

(3) 長さが等しい。
｛ ひとしい／ひとしく ｝

(4) 鉄板があつくなる。
｛ てつ／てっ ｝

(5) かべの落書き。
｛ らく／おち ｝

(6) 悪人をはいたつしらべる。

(7) 旅館からおくへ。
｛ りょ／たび ｝

(8) 屋内プール。
｛ おく／おや ｝

(9) 人数が等しい。
｛ ひとしい／ひとしく ｝

(10) 道路ぞいの集落。

（1つ5点）

46

1 読みがなをなぞって、読み方をおぼえましょう。（一つ5点）

(1) バスの 乗客。
（じょう）

(2) 昔の 宮て。
（きゅう）

(3) 駅前の 歩道橋。
（きょう）

(4) 深海 の魚。
（しんかい）

(5) 新緑 の山。
（しんりょく）

(6) 平等 に分ける。
（びょう）

(7) 古い 神社。
（じんじゃ）

(8) 乗車 する人。
（じょうしゃ）

(9) 深夜 のテレビ番組。
（しんや）

(10) 緑茶 を飲む。
（りょくちゃ）

47

(6)の「平」は、「びょう」という読み方ではないよ！

正しい読み方を、〇でかこみましょう。

(1) 乗客が多い。
{ じょうきゃく
{ のりきゃく

(2) 大きな宮でん。
{ みや
{ きゅう

(3) 鉄きょうのじょう。
{ てっきょう
{ てつきょう

(4) 深い海の生き物。
{ ふかい
{ しんい

(5) 新しいきょうしつ。
{ みどり
{ りょく

緑が美しい。
{ みどり
{ りょく

(6) 平等に分ける。
{ びょうどう
{ へいとう

(7) 神社にお参りする。

神社にお参りする。
{ じんじゃ
{ かみしゃ

(8) 乗船するじかん。
{ じょうせん
{ のりふね

(9) 深夜に起きる。
{ しんや
{ ふかよ

(10) 緑茶を飲む。
{ りょくちゃ
{ みどりちゃ

1 漢字の読みがなを書きましょう。 (1つ5点)

(1) 屋内プール。
（　　　　　　　）

(2) 電車の乗客。
（　　　　　　　）

(3) 家族旅行。
（　　　　　　　）

(4) 平等に分ける。
（　　　　　　　）

(5) 鉄板でやく。
（　　　　　　　）

(6) 深海の生物。
（　　　　　　　）

(7) 新緑の山。
（　　　　　　　）

(8) 等しく大きさ。
（　　　　　　　）

(9) 落書きを消す。
（　　　　　　　）

(10) 神社の祭り。
（　　　　　　　）

49

(9)の「深夜」は、「夜の深い時間」のことだよ。

2 漢字の読みがなを書きましょう。

(1)
旅館にとまる。
（　　　　　）

(2)
歩道橋を通る。
（　　　　　）

(3)
川ぞいの集落。
（　　　　　）

(4)
外国の宮でん。
（　　　　　）

(5)
悪人の役。
（　　　　　）

(6)
乗車する人。
（　　　　　）

(7)
数が等しい。
（　　　　　）

(8)
屋上から見る。
（　　　　　）

(9)
深夜番組。
（　　　　　）

(10)
緑茶を飲む。
（　　　　　）

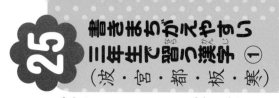

1 漢字をなぞって、使い方をおぼえましょう。（全部書いて20点）

※□□の読み方がまちがえやすい。

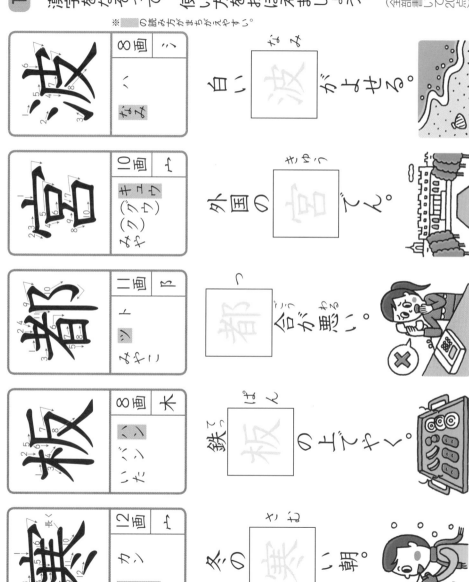

波	8画	氵
	ハ	
	なみ	

白い波がよせる。

宮	10画	宀
	キュウ（グウ・ク）	
	みや	

外国の宮でん。

都	11画	阝
	ト・ツ	
	みやこ	

都合が悪い。

板	8画	木
	ハン・バン	
	いた	

鉄板の上でやく。

寒	12画	宀
	カン	
	さむい	

冬の寒い朝。

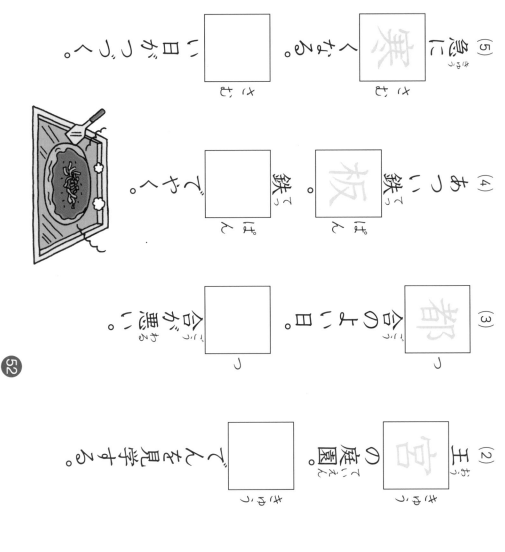

2 漢字を書いて、使い方をおぼえましょう。

(二8つ)

(1) 波（なみ）に乗る。
海岸（かいがん）に
□がよせる。

(2) 王子（おうじ）の庭園（ていえん）。
宮□を見学する。

(3) 都（と）のよい日に□。
□合が悪い。

(4) お□に鉄板（てっぱん）。
鉄□で□く。

(5) 急（きゅう）に□。
□に日がくじく。

52

26 書きまちがえやすい 三年生で習う漢字 ②
（命・調・放・乗・着）

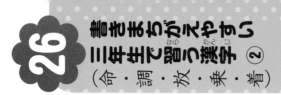

月　日　　点

1 漢字をなぞって、使い方をおぼえましょう。（全部書いて20点）

※ ▨▨ の読み方がまちがえやすい。

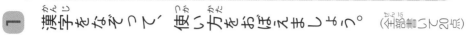

命	8画	口
	メイ（ミョウ） いのち	

犬に **命** 令する。

調	15画	言
	チョウ しらべる （ととのう） （ととのえる）	

体の **調** 子がよい。

放	8画	攵
	ホウ はなす はなつ はなれる ほうる	

川に魚を **放** す。

乗	9画	ノ
	ジョウ のる のせる	

バスの **乗** 客。

着	12画	羊
	チャク（ジャク） きる・きせる つく つける	

学校に **着** く。

2 正しいほうを、○でかこみましょう。 （1つ8点）

(1) メイ { 名 / 命(○) } 命名
命中する

(2) メイ { 名 / 命 } 有名
有名な人。

(3) チョウ { 調 / 直 } 声の調子。

(4) チョウ { 調 / 直 } 調べる
線を引く。

(5) はな(す) { 話 / 放 } 鳥をはなす。

(6) はな(す) { 話 / 放 } 電話ではなす。

(7) ジョウ { 場 / 乗(○) } 乗車する。

(8) ジョウ { 運動 / 場 } 運動場。

(9) { 着 / 者 } 駅に着く。

(10) { 着 / 者(○) } 人気の者
着場。

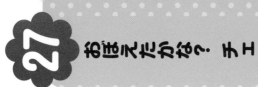
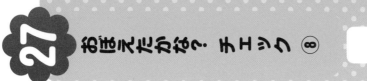

1　漢字を書きましょう。　　　　　（1つ5点）

(1) ［なみ］がよせる。

(2) 外国の［しゅと］。

(3) 鉄［ぱん］でやく。

(4) ［てんき］が悪い。

(5) ［さむ］い朝。

(6) 森に鳥を［はな］す。

(7) 東京に［つ］く。

(8) まとに［めい］中する。

(9) 電車の［じょう］客。

(10) 体の［ちょうし］。

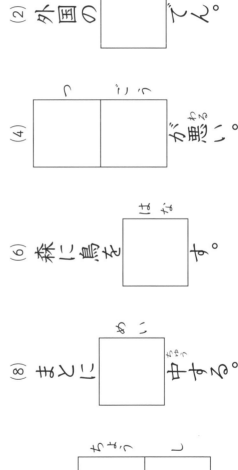

② 漢字を書きましょう。 （一つ5点）

(1) 犬に □（え）を やる。

□合（あい）する。 しょうぶの □（え）入（い）れ。

(2) □（ちょう）子（し）が よい。

□（ちゅう）線（せん）が 交（まじ）わる。

(3) 川に 魚（さかな）を □（はな）す。

父（ちち）と 母（はは）が □（はな）し合（あ）う。

(4) バスの □（じょう）が 多（おお）い。

□（じょう）会（かい）に 広（ひろ）い。

(5) 空港（くうこう）に □（こ）へ。

はたらきます。

の も 目

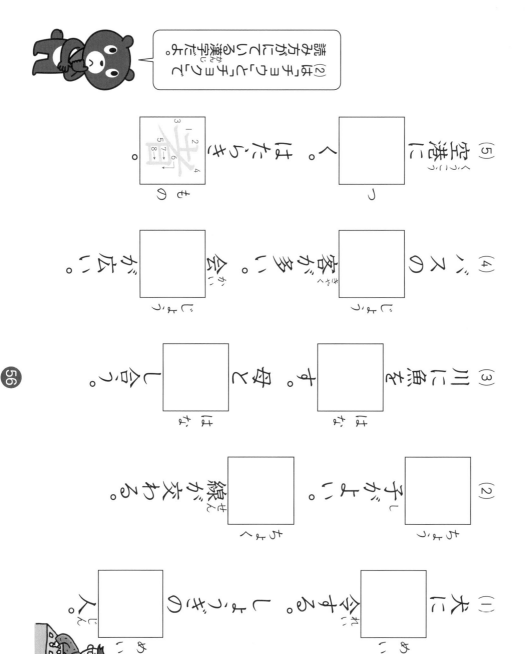

「チ」「ン」「チョウ」などの漢字に気をつけましょう。

1 漢字の読みがなを書きましょう。

(1つ5点)

(1) 歩道橋 をわたると学校に 着 く。
（ ） （ ）

(2) 宮 てんの 屋上 から見下ろす。
（ ）（ ）

(3) 乗客 の多くが 神社 にお参りする。
（ ）（ ）

(4) 鉄板 でやいた肉を 平等 に分ける。
（ ）（ ）

(5) 新緑 の山や観光地 を 旅行 する。
（ ）（ ）

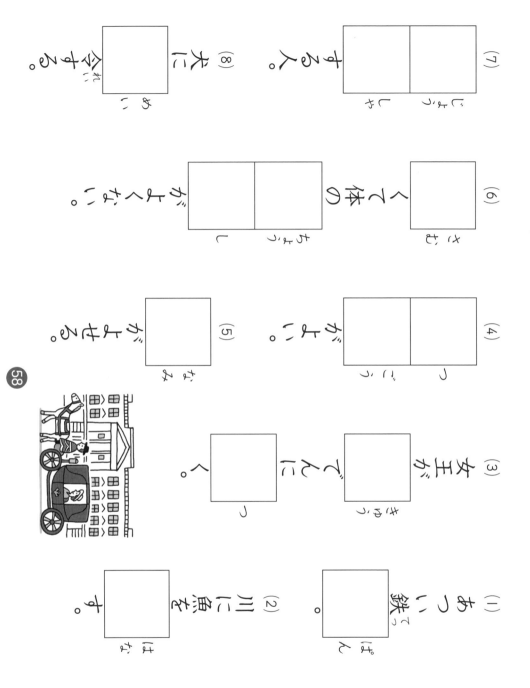

② 漢字を書きましょう。

(1) あつい鉄を[　]。

(2) 川に魚を[　]す。

(3) 女王が[　]てんに、[　]へ。

(4) [　][　]に。

(5) [　]がなれる。

(6) [　]人体の[　][　]がくるい。

(7) [　][　]する人。

(8) [　]大人に[　]合う。

58

送りがなに気をつける
一年生で習った漢字
（早・見・正・九・大・生・小）

1 ──の言葉の送りがなを、○でかこみましょう。

（1つ6点）

(1) 朝ははやく出かける。…早 { く / やく

(2) まどから山がみえる。…見 { える / える

(3) ただしい字を書く。…正 { しい / い

(4) ここのつのビー玉。…九 { つ / のつ

(5) おおきい風船。…大 { い / きい

(6) 子ねこがうまれる。…生 { れる / まれる

2 ──の言葉の送りがなを書きましょう。

（1）生…　庭に草が生える。　（　はえる　）

（2）早…　朝は早く目をさます。　（　　　）

（3）見…　けしきが見える。　（　　　）

（4）小……　ちいさな虫が出てくる。　（　ちいさい　）

（5）正…　ただしい答えを書く。　（　　　）

（6）丸…　おおきくまるくのこる。　（　　　）

（7）大…　ぞうの体はおおきい。　（　　　）

（8）生…　赤ちゃんが生まれる。　（　　　）

（1つ8点）

60

30 送りがなに気をつける 二年生で習った漢字

（少・明・聞・教・交・分）

① ──の言葉の送りがなを、○でかこみましょう。

（一つ6点）

(1) 晴れの日がすくない。…少 { い / ない }

(2) 弟があかるい声でわらう。…明 { い / るい }

(3) 鳥の鳴き声がきこえる。…聞 { える / こえる }

(4) 妹に花の名前をおしえる。…教 { える / しえる }

(5) 二つの道がまじわる。…交 { わる / じわる }

(6) 米に麦がまじる。…交 { る / じる }

61

(1つ8点)

2 ──の言葉の送りがなを書きましょう。

(1) あめの数がすくない。 少（　　）

(2) 道が二つにわかれる。 分（ かれる ）

(3) あかるい声で返事する。 明（　　）

(4) 話がよく聞こえる。 聞（　　）

(5) 駅までの道をおしえる。 教（　　）

(6) 新しい漢字をおそわる。 教（ わる ）

(7) 二本の線がまじわる。 交（　　）

(8) 足に石がまじわる。 交（　　）

(5)「あつい」、(6)「おしえる」、(7)「まじわる」、(8)「まじわる」などの送りがなのつけ方に気をつけましょう！

1 ──の言葉の送りがなを書きましょう (一つ5点)

(1) 妹は朝はやくおきた。……早（　　　）

(2) 土からちいさいめが出る。小（　　　）

(3) 父のくつはおおきい。……大（　　　）

(4) 公園に来た人がすくない。少（　　　）

(5) えだが二つにわかれる。…分（　　　）

(6) あかるい声が聞こえる。…明（　　　）

(7) 弟に作り方をおしえる。…教（　　　）

(8) 子どもに大人がまじる。…交（　　　）

2 ――の言葉を漢字と送りがなで書きましょう。（漢字）

〈れい〉 庭に草が生える

(1) 屋上から山がみえる。

(2) ビー玉が三このこる。

(3) 子犬が五ひきうまれる。

(4) ねこの鳴き声がきこえる。

(5) 父にゲームの遊び方をおそわる。

(6) たての線と横の線がまじわる。

1 ——の言葉の送りがなを、○でかこみましょう。

（1つ6点）

(1) 赤ちゃんがおきる。 …起 { る / きる }

(2) じゅ業がはじまる。 …始 { る / まる }

(3) 作品をあじわう。 …味 { う / わう }

(4) うまく言いあらわす。 …表 { す / わす }

(5) 料理をあたためる。 …温 { る / める }

(6) けしきがうつくしい。 …美 { しい / くしい }

2 ——の言葉の送りがなを書きましょう。

（１つ８点）

(1) スイッチをいれて、テレビが（ つく ）返

(2) 母のかわりに電話する。（ い ）代

(3) 遠足で朝早くおきる。起

(4) すきな番組がはじまる。始

(5) よくかんでたべる。味

(6) 気持ちをあらわす。表

(7) スープをあたためる。温

(8) じっくり写真を見る。美

（６）「あらわす」、（７）「あたためる」、（８）「うつくしい」など、読みがたくさんある漢字の送りがなに気をつけて書きましょう。

1 ──の言葉の送りがなを、○でかこみましょう。

（一つ6点）

(1) 山の<u>むこう</u>に月が出る。…向 {
こう
（こう）
}

(2) 魚の名前を<u>しらべる</u>。…調 {
らべる
べる
}

(3) 川の水が<u>ながれる</u>。…流 {
れる
る
}

(4) <u>しあわせ</u>になる。…幸 {
わせ
あわせ
}

(5) <u>にがい</u>味がする。…苦 {
い
がい
}

(6) にまいの紙を<u>かさねる</u>。…重 {
ねる
さねる
}

67

——の言葉の送りがなを書きましょう。

（1つ8点）

⑴ 川のむこうにある家。…… 向 （ こう ）

⑵ 辞典で意味をしらべる。 調 （ ）

⑶ あせがながれる。……… 流 （ ）

⑷ しあわせにくらす。…… 幸 （ ）

⑸ にがい薬を飲む。……… 苦 （ ）

⑹ 走って息がくるしい。… 苦 （ しい ）

⑺ 父のかばんはおもい。… 重 （ い ）

⑻ 本を何さつもかさねる。 重 （ ねる ）

⑸「しあわ」「いたむ」、⑺「おもい」、⑻「かさねる」のおくりがなの使い方をおぼえよう！

68

1 ――の言葉の送りがなを書きましょう。 （一つ5点）

(1) 父の<u>かわり</u>に話す。……代（　　　）

(2) 急に音楽が<u>はじまる</u>。…始（　　　）

(3) 店で料理を<u>あじわう</u>。…味（　　　）

(4) 公園の<u>むこう</u>まで走る。向（　　　）

(5) 友人の住所を<u>しらべる</u>。調（　　　）

(6) いつも<u>しあわせ</u>に思う。幸（　　　）

(7) <u>おもい</u>荷物を運ぶ。……重（　　　）

(8) 寒くて<u>くるしく</u>なる。苦（　　　）

──の言葉を漢字に送りがなで書きましょう。

（１つ５点）

〈れい〉

にがい お茶を飲む。

（１）先生が後ろをふりかえる。

（２）ふろのお湯がながれる。

（３）うれしい気持ちをあらわす。

（４）山からふじさんのながめを見る。

（５）スープをあたためる。

（６）箱をにつも重ねかさねる。

1 ──の言葉の送りがなを書きましょう。　　　　（１つ5点）

(1) おおきい声を出す。 …… 大（　　　　　）

(2) 人数がすくない。 ……… 少（　　　　　）

(3) あかるい光がさす。 …… 明（　　　　　）

(4) びっくりしておきる。 … 起（　　　　　）

(5) しあわせに思う。 ……… 幸（　　　　　）

(6) 手と手をかさねる。 …… 重（　　　　　）

(7) 上手に言いあらわす。 … 表（　　　　　）

(8) うつくしい絵を見る。 … 美（　　　　　）

71

2 ――の言葉を、漢字と送りがなで書きましょう。（一つ3点）

(1) 石がころがる。……………（　　　　　）

(2) 子ねこがうまれる。………（　　　　　）

(3) 先生に漢字をおそわる。…（　　　　　）

(4) 話し声がきこえる。………（　　　　　）

(5) 二本の線がまじわる。……（　　　　　）

(6) 水道の水がながれる。……（　　　　　）

(7) スープをあたためる。……（　　　　　）

(8) 母のかいに行く。…………（　　　　　）

(9) ドアのむこうへ行く。……（　　　　　）

(10) にがいコーヒーを飲む。…（　　　　　）

72

三年生の漢字チェックテスト

1 漢字の読みがなを書きましょう。 (1つ5点)

(1) （　　　　　　　）
晴天 の日。

(2) （　　　　　　　）
深海 の魚。

(3) （　　　　　　　）
新緑 の山。

(4) （　　　　　　　）
王様（おうさま）の 家来。

(5) （　　　　　　　）
平等（ひとう）に分ける。

(6) （　　　　　　　）
古い 神社。

2 漢字を書きましょう。 (1つ5点)

(1) む ぎ
□ 茶（ちゃ）を飲（の）む。

(2) し ん
□ 切（せつ）な友だち。

(3) 四人□か
族（ぞく）。

(4) 友だちに□あ
う。

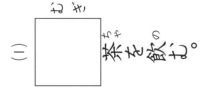
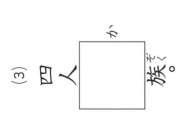

73

4 ──の言葉を、漢字と送りがなで書きましょう。 〔一つ5点〕

(1) 赤ちゃんがうまれる。

（　　　　　　　　　）………。

(2) チャイムがきこえる。

（　　　　　　　　　）………。

(3) 走って息がきれる。

（　　　　　　　　　）………。

(4) 川の水がながれる。

（　　　　　　　　　）………。

3 □にかん字を書きましょう。 〔一つ5点〕

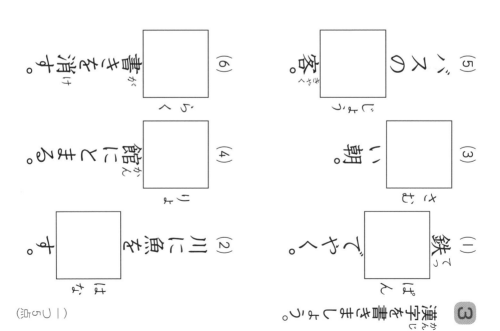

(1) 鉄ぼうでてつ　　□でつ　　□にすやへ。

(2) 川に魚を□はなす。

(3) さむい朝。□さむ

(4) 館に□よりつく。

(5) バスのじょうきゃく□。

(6) 書きまちがえ□かきを消す。□けす

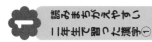

●言葉で書く問題では、全部書けて一つの正かいです。
●三年生までに習わない漢字や読み方は、答えとしてあつかっていません。

13 おぼえたかな？チェック④
ページ27・28

1
(1)ぶか (2)みなと (3)おく
(4)そそ (5)おぶらら (6)きた
(7)みず (8)なが
(9)ゆ (10)よう

2
(1)決 (2)泳 (3)流
(4)注 (5)洋 (6)湯
(7)湖 (8)油 (9)深
(10)港

14 もう一回 読み書きチェック②
ページ29・30

1
(1)だい・う
(2)みなと・し
(3)ゆび・つか
(4)ゆ・そそ
(5)おぶらら・なが

2
(1)洋・決 (2)湖・住
(3)他・持 (4)拾・投
(5)深・泳

15 いっしょにおぼえる 三年生で習う漢字⑤
ページ31・32

1 使い方をおぼえましょう。

2
(1)安・安 (2)守・守
(3)実・実 (4)客・客
(5)宿・宿

16 いっしょにおぼえる 三年生で習う漢字⑥
ページ33・34

1 使い方をおぼえましょう。

2
(1)急・急 (2)息・息
(3)悪・悪 (4)悲・悲
(5)感・感

17 おぼえたかな？チェック⑤
ページ35・36

1
(1)いそ (2)み (3)しゅく
(4)いき (5)かな (6)きも
(7)あん (8)わるくち(わるぐち)
(9)かん (10)きゃく

2
(1)守 (2)急 (3)息
(4)安こ (5)客 (6)悪
(7)悲 (8)実 (9)宿
(10)感

18 いっしょにおぼえる 三年生で習う漢字⑦
ページ37・38

1 使い方をおぼえましょう。

2
(1)苦・苦 (2)荷・荷
(3)薬・薬 (4)落・落
(5)薬・薬

右ページ

21 読み書きチェック③ もう一回! ページ43・44

2
(1) 荷
(3) 送・進
(5) 速・宿
(2) 目・薬
(4) 運・業
感

1
(1) き・そ
(2) かな・へや
(3) かん・に
(4) み・あん
(5) み
(6) わ・くろ
まも

20 おぼえたかな？チェック⑥ ページ41・42

2
(1) 薬
(5) 進
(9) 業
(2) 送
(6) 苦
(3) 荷
(7) 運
(4) 追
(8) 落

1
(1) はし
(2) へ
(3) へ
(5) お
(6) やす
(7) お
(8) はし
(9) すお
(10) お
べり
に
べる
すく

19 いろいろおぼえよう 三年生で習う漢字⑧ ページ39・40

2
(1) 送・送
(2) 追・進
(3) 速・速
(4) 進・追
(5) 運・運

1
使い方をおぼえましょう。

左ページ

24 おぼえたかな？チェック⑦ ページ49・50

2
(1) へ
(2) じ
(3) へ
(4) じ
(5) り
(6) か
(7) し
(8) ひ
(9) じ
(10) へ
よ
ん
い
ょ
つ
よ
く
う
ん
う

1
(8) へじ
(9) おび
(10) ちへ
よ
ゃん
く
う

23 読みまちがえやすい 三年生で習う漢字② ページ47・48

2
(1) し
(2) き
(3) し
(4) し
(5) り
(6) し
(7) じ
(8) じ
(9) し
(10) し
ゃ
ゅ
ん
ょ
ん
ょ
よ
う
ん
よ
う

1
読み方をおぼえましょう。

22 読みまちがえやすい 三年生で習う漢字① ページ45・46

2
(1) り
(2) へ
(4) り
(5) へ
(6) お
(7) は
(8) へ
(9) お
(10) ち
よ
ん
よ
お
ぱ
い
あ
へ
く
く
ひ
り
く

1
読み方をおぼえましょう。

25 書きまちがえやすい 三年生で習う漢字① ページ51・52

1 使い方をおぼえましょう。

2 (1)波・波　(2)宮・宮　(3)都・都　(4)板・板　(5)寒・寒

26 書きまちがえやすい 三年生で習う漢字② ページ53・54

1 使い方をおぼえましょう。

2 (1)命　(2)名　(3)調　(4)直　(5)放　(6)話　(7)乗　(8)場　(9)着　(10)者

27 おぼえたかな？チェック⑧ ページ55・56

1 (1)波　(2)宮　(3)板　(4)都合　(5)寒　(6)放　(7)着　(8)命　(9)乗　(10)調子

2 (1)命・名　(2)調・直　(3)放・話　(4)乗・場　(5)着・者

28 もう一回！読み書きチェック④ ページ57・58

1 (1)きちょう・つ　(2)きゅう・おくじょう　(3)じょう・じんじゃ　(4)ぱん・びょう　(5)しんりょく・りょこう

2 (1)板　(2)放　(3)宮・着　(4)都合　(5)波　(6)寒・調子　(7)乗車　(8)命

29 送りがなに気をつける 一年生で習った漢字 ページ59・60

1 (1)く　(2)える　(3)しい　(4)つ　(5)きこ　(6)まれる

2 (1)える　(2)く　(3)える　(4)きこ　(5)しい　(6)つ　(7)きこ　(8)まれる

30 送りがなに気をつける 二年生で習った漢字 ページ61・62

1 (1)なこ　(2)える　(3)こえる　(4)える　(5)わる　(6)じる

2 (1)なこ　(2)かれる　(3)える　(4)こえる　(5)える　(6)わる　(7)わる　(8)じる

31 おぼえたかな？チェック⑨ ページ63・64

1 (1)く　(2)きこ　(3)きこ　(4)なこ　(5)かれる　(6)える　(7)える　(8)じる

2 (1)見える　(2)丸つ　(3)生まれる　(4)聞こえる　(5)教わる　(6)交わる

※「美しい」は「楽しい」「新しい」と同じで、送りがなは「し」からつけるよ。

2
(1)温める (2)返す (3)美しい (4)流れる (5)表す (6)重ねる

1
(1)い (2)まる (3)く (4)わり (5)る (6)う (7)わり (8)く

2
(1)い (2)く (3)る (4)せ (5)せ (6)る (7)ねる (8)い

1
(1)い (2)く (3)る (4)う (5)ね (6)る (7)せ (8)れる

2
(1)す (2)める (3)き (4)ます (5)わり (6)る
(7)める (8)し

1
(1)い (2)き (3)わる (4)う (5)わす (6)い

2
(1)す (2)める (3)き (4)ます (5)き (6)い
(7)まる (8)わり

1
(1)き (2)き (3)き (4)き (5)き (6)い

4
(1)生まれる (2)聞こえる (3)苦しい (4)流れる (5)寒い (6)旅

3
(1)乗板 (2) (3)家 (4)会親

2
(1) (2) (3)美

1
(1)しか (2)いて (3)じん (4)じけ (5)びょう (6)じょう

2
(1)九 (2)生まれる (3)教わる (4)キ
(5)数わる (6)聞こえる (7)温める (8)する
(9)温める (10)代わり

1
(1)キ (2) (3)な (4)キ (5)な (6)る (7)キ (8)する

1
(9)向める (8)代わり (7)向こう (6)聞こえる (5) (4)生まれる (3)苦しい (2) (1)

80